D1986744

Michelle Meier-Metz und Steffi Rauch

Kinder glücklich und stark machen

Themenheft für die Grundschule

MILITZKE

Das Werk und seine Teile sind urheberrechtlich geschützt. Jede Nutzung in anderen als den gesetzlich zugelassenen Fällen bedarf der vorherigen schriftlichen Einwilligung des Verlages. Hinweis zu § 60a UrhG: Weder das Werk noch seine Teile dürfen ohne eine solche Einwilligung eingescannt und in ein Netzwerk eingestellt werden. Dies gilt auch für Intranets von Schulen und anderen Bildungseinrichtungen.

1. Auflage
© Militzke Verlag GmbH, Magdeburg 2019
Umschlaggestaltung: Kerstin Spohler
Layout und Satz: Schröder Design, Leipzig
Druck und Bindung: Esser printSolutions GmbH, Bretten

ISBN: 978-3-86189-952-5

Militzke Verlag GmbH – www.militzke.de

Inhaltsverzeichnis

Die Icons stehen für:

Quelle

Aufgabe

Zur Handhabung des Themenheftes

Natürlich ist es uns am liebsten, wenn Sie das gesamte Werk lesen, um neben Anregungen für Ihren Unterricht auch die Zusammenhänge zu verstehen.
Leider wissen wir aber auch, dass Lehrer oftmals wenig Zeit haben, wenn sie ihren Unterricht vorbereiten. Deshalb gibt es verschiede Lesearten für das Themenheft.
Wenn Sie Hintergründe und Voraussetzungen erfahren wollen, beginnen Sie mit Teil I und arbeiten sich bis zum Praxisteil, Teil II, durch.

Wollen Sie hingegen schnell Anregungen finden, um bestimmte Teilgebiete bei Ihren Kindern zu entwickeln, und suchen Sie Ideen für den Unterricht, starten Sie mit dem Teil II. Hier finden Sie eine Sammlung verschiedener Übungen und Hinweise auf die Schülerarbeitsblätter.
Alle Verweise im Kapitel 2 werden im Praxisteil genauer erklärt. Hier sehen Sie auf einen Blick, welches Arbeitsblatt Sie suchen müssen.

Viele Glücksmomente beim Ausprobieren wünschen Ihnen
Michelle Meier-Metz und Steffi Rauch

I Theoretische Vorüberlegungen

1 Glück und Kindheit

Im Ethikunterricht spielen die Fragen „Was macht uns glücklich?“ und „Wie erreiche ich Glück?“ von je her eine große Rolle. Dabei geht es in der Grundschule weniger um die Auseinandersetzung mit großen Philosophen, als um eine grundlegende Bereitschaft, über Glück und seine Bedingungen nachzudenken. In den letzten zwei Jahrzehnten haben sich Wissenschaft und Forschung damit beschäftigt, wo genau im Gehirn positive Gefühle erzeugt werden, welche Bedingungen dafür notwendig und inwieweit diese beeinflussbar sind. Dabei stellten Hirnforscher, Neurobiologen und Psychologen fest, dass Glück und positive Grundeinstellungen erlernbar sind. Diese Erkenntnis ist auch für die Kindheits- und Jugendforschung bedeutsam.
In diesem Zusammenhang erlangte der Begriff der Resilienz, was „zurückspringen“ und „abprallen“ heißt, Bedeutung.
Resilienz bezeichnet die seelische Widerstandsfähigkeit oder Unverwüstlichkeit. Sie verkörpert gewissermaßen das Immunsystem der Seele. Die psychische Gesundheit eines resilienten Menschen ist geschützt, da dieser Fähigkeiten entwickelt hat und entwickelt, die Stress und Schicksalsschläge, Druck und Belastungen aus täglichen Herausforderungen abprallen lassen. Resiliente Menschen haben in der Kindheit Strategien erworben, um sich von den Widrigkeiten des Lebens nicht dauerhaft entmutigen zu lassen. Als Sinnbild wird häufig ein Stehaufmännchen genannt.

Faktoren der Resilienzforschung, die die Widerstandsfähigkeit stärken

Akzeptanz: „Ich akzeptiere die äußeren Gegebenheiten.“
Lösungsorientiertheit: „Ich schaue nach vorn und lasse mich nicht von meinem Problem vereinnahmen.“
Optimismus: „Schwere Zeiten gehen vorüber und ich lerne, damit umzugehen.“
Ressourcen: „Ich bitte um Hilfe und kenne Vorbilder, die mir Lösungen aufzeigen.“
Selbstvertrauen: „Ich habe die Kraft, es durchzustehen.“
Selbstwirksamkeit: „Ich kann mein Leben durch mein Handeln beeinflussen.“
Soziale Kontakte: „Ich bin nicht allein und kann mich auf Menschen, die mir nahestehen, verlassen.“
Verantwortung: „Ich muss mein Leben aktiv gestalten.“
Zukunftsorientierung: „Ich plane mein Leben bewusst und setze mir realistische Ziele.“
(Frei nach Robert Brooks: Das Resilienz-Buch – Wie Eltern ihre Kinder fürs Leben stärken. Klett-Cotta, Stuttgart 2007)

2 Glück und Schule

Seit 2009 weist der Hirnforscher Gerald Hüther immer wieder darauf hin, dass positive Empfindungen und ein Wohlfühlen in der Lernumgebung mit Lernerfolgen einhergehen. Nicht nur die schulischen Erfolge, sondern auch der Gemeinschaftssinn, das Angenommen-Werden in der Peer spielen hierbei eine nicht unerhebliche Rolle. Kinder von heute müssen jedoch viel mehr Krisen allein bewältigen als noch vor 20 Jahren: Familiensituationen sind wesentlich vielfältiger geworden, Eltern haben entweder sehr viel Arbeit und wenig Zeit für die Kinder oder keine bzw. schlecht bezahlte Arbeit und Existenzängste, die sich auf die Kinder übertragen ... Auch die Resignation mancher Eltern spiegelt sich bei den Kindern wider. So steigt die Anzahl der Depressionen schon im Grundschulalter. Ein weiterer Auslöser für Krisen im Kindesalter ist der Umgang der Kinder und Jugendlichen untereinander. Mobbing, Konkurrenzkampf und Ausgrenzung finden bereits in der Grundschule statt.
Beachtet man die „Erklärung der Rechte des Kindes", wonach die Menschheit jedem Kind ihr Bestes schuldet, damit es eine glückliche Kindheit verleben kann, dann ergibt sich für jeden, der mit Kindern zusammenlebt bzw. -arbeitet, eine Verpflichtung.
In der UN-Kinderrechtskonvention von 1989 heißt es, dass
„das Kind zur vollen und harmonischen Entfaltung seiner Persönlichkeit ... umgeben von Glück, Liebe und Verständnis aufwachsen soll". *(https://www.bmfsfj.de/blob/.../uebereinkommen-ueber-die-rechte-des-kindes-data.pdf; 06.10.2017)*
Diese äußeren Gegebenheiten und gesetzlichen Vorschriften sollte man sich als Lehrkraft immer wieder bewusst machen und den eigenen Unterricht dementsprechend ausrichten. Den Anspruch, Kinder für die schwierigen Herausforderungen des Alltags zu wappnen, spiegeln auch die Lehrpläne verschiedener Bundesländer wider, wo es heißt:
„Unser Ziel ist, die Schüler handlungsfähig zu machen, um gegenwärtige und zukünftige Aufgaben, Probleme und Herausforderungen zu lösen." *(Leitgedanken zu den Thüringer Lehrplänen für die Grundschule und für die Förderschule mit dem Bildungsgang der Grundschule; Erfurt 2010)*
„Es gilt, eine Grundhaltung der Solidarität, der gegenseitigen Achtung und Hilfsbereitschaft auszubilden. Gleichzeitig sind zunehmende Sicherheit und Ausgewogenheit im moralischen, sozialen und politischen Urteilen anzustreben." *(http://www.grundschule.bildung.hessen.de/rahmenplan/Rahmenplan.pdf; 06.10.2017)*

Gerade Ethiklehrern obliegt eine gewisse Verpflichtung, Kinder resilient zu machen, ihre Kompetenzen zu stärken und mit ihnen über ihren eigenen Beitrag zur Erreichung von persönlichem Glück nachzudenken. Berührungspunkte zu den Themen der Lehrpläne finden sich bei:

› soziale Beziehungen (Freundschaft, Familie, Klassengemeinschaft)
› Streitbewältigung und Konfliktlösung
› Individualität und Persönlichkeitsentwicklung (Selbst- und Fremdwahrnehmung, Empathiefähigkeit)
› Zeiterfahrungen und Zeitempfindungen

Seit etwa zehn Jahren folgen über 130 Schulen in Deutschland und Österreich der Forderung, Kinder resilient zu machen, indem sie ein zusätzliches Fach „Glückskompetenz", „Glück" bzw. „Resilienz" anbieten.

„Glückliche Schüler streiten weniger, sind kreativer, lernen leichter und wissen, worauf es im Leben wirklich ankommt.", schreibt Ernst Fritz-Schubert, der Begründer des Fritz-Schubert-Institutes in Heidelberg. Er hat eines der ersten Curricula für das Schulfach Glück entwickelt.
Aus der Notwendigkeit, auf die Bedürfnisse der Heranwachsenden einzugehen, den gesetzlichen Vorschriften sowie Erfahrungen im In- und Ausland ergibt sich, dass Resilienz, Glücksempfinden und Persönlichkeitsstärkung wichtige Ziele darstellen, die von Lehrern in den Grund- und weiterführenden Schulen angestrebt werden sollten.
In diesem Themenheft geht es im ersten Teil um die Herausbildung allgemeiner Resilienz- und Glückserfahrungen bzw. einer positiven Grunderfahrung, die Glücksmomente mit sich bringt. In einem zweiten Teil wird anhand einer konkreten Planung gezeigt, wie das Thema „Glück" im Ethikunterricht aufgegriffen werden kann. Der Praxisteil beschreibt alle vorgestellten Übungen und liefert Arbeitsblätter, die als Kopiervorlagen freigegeben sind.

2.1 Allgemeine Glückserfahrung und Resilienz fördern

Verschiedene Faktoren fördern das Glücksempfinden von Menschen. Diese Faktoren gilt es bei den Kindern herauszubilden bzw. zu stärken. Das ist nicht in einem einmaligen Akt zu erreichen, sondern durch permanente Wiederholungen sind diese stets neu zu erproben.

Eine optimistische Grundhaltung stärken

Unser Glück hängt im Wesentlichen mit unserem Leben in der Gemeinschaft zusammen. Deshalb erreichen wir eine optimistische Grundeinstellung, wenn wir positive Gruppenerlebnisse schaffen und das Vertrauen in uns selbst verstärken. Viele Menschen fühlen sich besonders in der Natur glücklich. Das hängt mit dem ausgeschütteten Vitamin D zusammen, welches der Körper bei Sonneneinstrahlung produziert. Gemeinschaftliche Unternehmungen in der Natur tragen also zum Glücklichsein bei.

Positive Gruppenerlebnisse durch Spiele
Hula-Hoop-Spiel
Pezziball balancieren
Blindschleiche
Distanzspiel: Grenzen setzen

Vertrauen auf sich selbst
AB Mein Haus des guten Lebens
AB Glücksgedanken
Geschichte Die Drei auf der Dachrinne (S. 14)
AB Das eigene Wappen
Geschichte Als die Schwäche zur Stärke wurde (S. 14)

2.2 Zu Geduld und Gelassenheit erziehen

Wer geduldig mit sich und anderen umgeht, kommt glücklicher durch den Tag. Das ist allgemein bekannt. In der heutigen Zeit erleben wir jedoch häufig, dass gerade Kinder wenig abwarten bzw. mit Niederlagen nicht umgehen können und diese als persönliches Versagen auf ganzer Linie empfinden. Dem gilt es entgegenzuwirken.

Entspannungsübungen
Massage- und Klopfübungen
Hierfür bieten sich klassische Massagegeschichten wie Wettergeschichten, Pizzabacken oder Übungen mit dem Massageball oder der Hand an, bei denen sich die Kinder gegenseitig den Rücken massieren. Eine Klopfübung findet sich auf Seite 15.
Entspannungsgeschichte Blumengarten (S. 15)
Atemübungen Wechselatmung und Situli (S. 16)
AB Mandala

Verlieren lernen
Durch vielfältige Erfahrungen mit verschiedenen Spielen wird das Verlieren-lernen trainiert. Vor allem Spiele, die stark vom Zufall abhängig sind, (z. B. Würfelspiele) tragen dazu bei, niemanden auszugrenzen.

2.3 Freude am Alltag wecken

Als erwiesen gilt, dass Zufriedenheit aus vielen kleinen Glücksmomenten erwächst. Ein Auge für diese Momente zu entwickeln und mehr Dankbarkeit für den Augenblick zu empfinden, soll Ziel dieser Übungen sein. Was uns Spaß macht und gleichzeitig herausfordert, führt dazu, dass sich ein sogenannter Flow entwickelt. Das bedeutet, wir arbeiten konzentriert an einer anspruchsvollen Aufgabe, die uns fordert, die aber auch schaffbar ist. Dies erzeugt Zufriedenheit und damit auch Glücksgefühle.

Blickschulung mit Kinderbüchern
Die Glücksfee (Kreativer Umgang, S. 16)
Weißt du, was Glück ist? (Begriffssammlung, S. 17)
Herr Glück & Frau Unglück (Flip-Flap, S. 17)
Glück gesucht (Rollenspiel, S. 17)
Das kleine Glück klopft an (Unterrichtseinstieg, S. 17)
AB Das größte Glück der Welt – Argumentationsübung
Die Kinder erhalten das AB „Das größte Glück der Welt". In Einzelarbeit sollen sie eine Reihenfolge festlegen, was für sie das größte Glück ist. Hierbei werden die vorgegebenen Karten genutzt und um vier eigene Beispiele ergänzt. Als Variante bzw. zur Differenzierung geht diese Übung auch als Partnerarbeit. Für die Präsentation müssen die Karten (AB „Das größte Glück der Welt") auf A5-Größe vergrößert werden. Dann sollen sich die Kinder in Gruppen von maximal sechs Kindern ihre Ergebnisse vorstellen und miteinander vergleichen. Die Gruppenaufgabe besteht darin, eine gemeinsame Reihenfolge festzulegen. Dadurch werden die Kinder angeregt, ihre Reihenfolge zu begründen und Argumente für diese zu sammeln.
Anschließend können die Gruppenergebnisse den anderen Gruppen vorgestellt werden. Wieder wird nach Gemeinsamkeiten und Unterschieden gesucht und werden Argumente präsentiert. Da es keine richtige bzw. falsche Reihenfolge gibt, hängt diese einzig von der Begründung der Kinder ab.

Gutes tun macht glücklich
AB Teetasse
Bildmeditation
Philosophisches Gespräch: 3 Kilo Glück (S. 18)

Den Flow finden
AB Interview: Auf der Suche nach dem Flow

2.4 Krisen als Chancen begreifen

Das Leben birgt in jedem Alter nicht nur schöne Momente, sondern auch Unerwartetes, Unerfreuliches und mitunter auch richtige Krisen. Diese Dinge sind notwendig, um Glück als solches wahrzunehmen, zu schnell gewöhnt man sich daran. Resiliente Menschen können sich auf schwierige Lebenssituationen einstellen. Sie nutzen ihre eigenen Ressourcen, um diese zu meistern. Das gilt es zu trainieren. Hilfreicher als Trost ist in solchen Augenblicken, den Blick nach vorn zu richten. Oftmals bringt eine vermeintlich schlechte Situation auch Positives zum Vorschein.

Eigene Stärken bewusst machen
AB Sprichwörter und Lebensweisheiten

Jede Sache hat zwei Seiten
Markt der schlechten Eigenschaften (Spiel, S. 18)

2.5 Verantwortung und Vertrauen schenken

Herausfordernde Aufgaben beinhalten immer auch das Austesten von Grenzen und das Entdecken von Neuem. Wenn wir wollen, dass Kinder verantwortungsvoll arbeiten, müssen wir das mit ihnen üben und Chancen zum Testen und Fehlermachen einräumen. Das bedeutet für Erwachsene, sich nicht sofort korrigierend einzumischen, sondern abzuwarten. An dieser Stelle kann der verbreitete Wunsch nach Perfektion angesprochen werden. Herausforderungen sind wichtig, aber die Erfüllbarkeit von Aufgaben und die Erreichbarkeit gesteckter Ziele sind zentrale Voraussetzungen für Glücksempfindungen.

Geschichte Schiefe Maschen (S. 19)

Da Verantwortung, Vertrauen und Verbindlichkeit Dinge sind, die den gesamten Alltag betreffen, beziehen sich unsere Vorschläge nicht nur auf den Ethikunterricht. So kann Verantwortung in der Schule durch die Übertragung von Mitbestimmung (z. B. in Form eines Schülerparlamentes oder eines Klassenrates) an die Kinder praktiziert werden. Den Kindern werden durch beide Institutionen Aufgaben übertragen, die den Schulalltag mitbestimmen (z. B. wenn es um die Ziele von Wandertagen oder Klassenfahrten oder die Ausgestaltung von Projektwochen bzw. Schulfesten geht). Auch die Lösung genereller Probleme in der Klasse kann verantwortungsvoll in die Kinderhand gegeben werden. Nur so können Kinder demokratisches Handeln verstehen lernen.

2.6 Verbindlichkeiten und Strukturen schaffen

Regeln, Rhythmen und Rituale strukturieren unseren Alltag. Sei es die morgendliche Tasse Kaffee oder das Begrüßungslied zu Beginn einer Stunde. Diese Verlässlichkeiten haben etwas Beruhigendes und Berechenbares. Das ist für Kinder sehr wichtig. Mit Ritualen schaffen wir uns Strukturen, die den Kindern ohne viele Worte klarmachen, was sie tun sollen bzw. was von ihnen erwartet wird. Sie zeigen Handlungsabläufe auf und schaffen damit Momente, auf die man sich freuen kann bzw. die planbar sind. Wichtig dabei ist, sie konsequent einzuhalten sowie das Loben für die Einhaltung von vereinbarten Regeln. Da erreichbare Ziele wichtig für den Flow sind, muss von vornherein klar sein, wie diese erreicht werden können. Dies wirkt sich auf das Konzipieren von Lernstandserhebungen aus. Sollen Kinder eine solche erfolgreich meistern, müssen sie die Inhalte kennen.

Rhythmus und Rituale
Morgenkreis und Wochenabschlusskreis
Geburtstagsrituale
Schulfeste
Rituale zur Strukturierung des Schulalltags (Sitzkreis, Pause, Stundenanfang, Gruppenarbeit, Aufräumen usw.) lassen sich gut mithilfe von Musik etablieren.
Rituale können auch Übungen oder Arbeitsphasen sein, die regelmäßig wiederholt werden. Sei es eine Atemübung, Übungen aus der Kinesiologie oder auch das Schreiben eines Tagebuches.

Feste Regeln
Gesprächsregeln
Klassenregeln

Berechenbarkeit
Auch für Kinder stellen Bewertungssituationen häufig eine unangenehme Zeit dar. Manche haben Angst und setzen sich zusätzlich unter Druck. Dann ist es besonders wichtig, berechenbar und zuverlässig zu sein. Kann ich mein Gegenüber gut einschätzen und weiß ich, wie es reagiert bzw. was es von mir erwartet, kann ich mich vorbereiten und auf die Situation einstellen. Das bedeutet für Lehrer, dass den Kindern rechtzeitig angesagt werden sollte, welche Art Leistungsüberprüfung zu welchem Inhalt auf sie zukommt.

Ein vertrauensvolles Verhältnis, welches ein angstfreies Klima und gegenseitige Akzeptanz beinhaltet, sowie genügend Zeit und Ungestörtheit tragen zum Gelingen bei. Neben den festgelegten Gesprächsregeln gilt es auch bei schriftlichen Arbeiten auf Folgendes zu achten:
Bei der Gestaltung der Aufgabenstellung muss die Sprache verständlich und altersgerecht sein. Texte müssen klar strukturiert und in einfachem Satzbau verfasst sein. Außerdem gehört zur erfolgreichen Vorbereitung, dass alle zu erreichenden Punkte ausgewiesen sind und die Aufgaben möglichst nicht aufeinander aufbauen. Nur so können Kinder ohne Beachtung der Reihenfolge, sondern nach ihrem Vermögen die Aufgabenstellungen bearbeiten. Für manche Kinder ist es wichtig, erst einmal schnell einige Punkte zu sichern, damit sie nicht das Gefühl haben, vor einem unüberwindbaren Hindernis zu stehen.

AB Checkliste: Wie vermeide ich ein schlechtes Gefühl vor schweren Schulaufgaben wie Klassenarbeit und Vortrag?

II Praxisteil

3 Unterrichtsplanungen

Häufig wird über Glück haben und Glücklichsein im Zusammenhang mit den Gefühlen gesprochen. Wichtig sind diese vor allem beim Umgang miteinander. Auch im Bezug auf die Themen „Was darf ich hoffen? Was sind meine Wünsche und Ziele?“ kann man über Glück philosophieren.
Da die verschiedenen Lehrpläne unterschiedliche Gewichtungen in Bezug auf das Glück haben, stellen unsere Planungen keinen Lehrplanbezug her. Es sind keine direkten Lernziele ausformuliert.

3.1 Unterrichtsplanung für Klasse 1 und 2

In der Schuleingangsphase liegt der Fokus vor allem auf der Wahrnehmung meines Körpers, meiner Gefühle und der Wahrnehmung und Deutung meines Gegenübers. Deshalb sind hier Körperwahrnehmungsübungen wichtig.
Ein anderes wichtiges Thema ist für Schulanfänger ihr Geburtstag. Das Verfassen von Glückwünschen regt dazu an, sich mit dem „Glück“ zu beschäftigen.

Methode	Unterrichtsverlauf	Material
1. Stunde		
Unterrichtsgespräch	Sitzkreis mit Anschauungsmaterial in der Mitte: › Wem schenkt man die Karten? (Menschen, die ich mag) › Wann schenkt man sie? (zu besonderen Anlässen: Geburtstag, Hochzeit, Weihnachten, Prüfung) › Was meint man, wenn man Glück wünscht? (Gesundheit, Freude, schöne Erlebnisse, gute Arbeit)	Glückwunschkarten als Anschauungsobjekte
Bastelarbeit	Wir basteln eine Glückwunschkarte Wem schenkst du diese? Warum?	Bastelmaterial

2./3. Stunde		
Begriffsfestigung Körperwahrnehmung	› Kinderbuch vorstellen › eigene Beispiele finden Woran merkst du, dass du glücklich bist? Wie erkennt man das Glück bei anderen? Stelle das Glück pantomimisch dar.	Kinderbuch „Weißt du, was Glück ist?“
Reproduktion	› jeder zeichnet auf ein A6-Blatt ein Bild: „Das macht mich glücklich“	A6-Zeichenblätter
Ergebnissicherung	› aus allen Blättern wird ein Gruppen-Patchwork erstellt	1 Bogen Packpapier, Kleber, dicker Fasermaler
Zusammenfassung	› Glück setzt sich aus vielen Augenblicken zusammen › Glück ist umso schöner, wenn man es mit anderen teilt.	

3.2 Unterrichtsplanung in Klasse 3 und 4

Unsere vielfältigen Unterrichtsmaterialien zeigen viele Wege auf, das Glücklichsein zu erlernen. Dass dazu der Ethikunterricht allein nicht ausreicht, haben wir bereits dargelegt. In unseren Unterrichtsplanungen für die Klassen 3 und 4 skizzieren wir hauptsächlich Übungen zum Philosophieren mit den Kindern.

Methode	Unterrichtsverlauf	Material
1. Stunde – Begriffsbildung		
Begriffliches Arbeiten	Begriffspyramide › Jedes Kind schreibt spontan drei Wörter auf, die ihm zu „Glück“ einfallen. › Diese werden zusammengetragen und Dopplungen aussortiert. › Aus den sechs meistgenannten Begriffen wird eine Pyramide gebaut. › Die drei wichtigsten Begriffe werden als Fundament gesetzt. › Nach dem Erstellen der Pyramide wird eine Definition des Glücksbegriffes gemeinsam gefunden. Alle Wörter der Pyramide sollen verwandt werden.	Drei Kärtchen/Notizzettel pro Kind

Methode	Unterrichtsverlauf	Material
Begriffliches Arbeiten (Alternative)	Begriffsmolekül Ein Begriffsmolekül ähnelt einem Mindmap, ist aber anschaulicher. Zuerst baut man ein Grundgestell aus drei Kugeln. An diesem befestigt der Lehrer mit einem Holzstab die vierte Kugel, auf der die Überschrift „Glück“ steht. Alles, was den Kindern zu Glück einfällt, wird auf Klebezettel geschrieben und mit einer neuen Styroporkugel am Molekül befestigt. Begriffe, die zusammengehören, werden miteinander verbunden und sind auch im Nachhinein veränderbar. So lassen sich auch „Glück haben“ und „glücklich sein“ voneinander unterscheiden.	Styroporkugeln, Klebezettel, ca. 20 cm lange Holzspieße
2. Stunde – Auf der Suche nach dem kleinen Glück		
Bildbetrachtung Erfassen der Vorerfahrung	Vorstellen des Bilderbuches in Text und Bild Herausarbeitung der verschiedenen Glücks- bzw. Aberglauben-Symbole (bei Herrn Glück: Hausschwein, vierblättriger Klee, schwarze Katze, Marienkäfer; bei Frau Unglück: Ziege, Hausnummer 13, umgestoßener Salzstreuer, zerbrochener Handspiegel).	Kinderbuch „Herr Glück und Frau Unglück“
Gruppenarbeit	Es wird herausgearbeitet, was typisch für Herrn Glück bzw. Frau Unglück ist. Die verschiedenen Elemente werden in einem Flip-Flap zusammengetragen. Alternative: Vergleich von Glück und Unglück anhand der Kriterien aus den Arbeitsmaterialien.	
Präsentation	Ergebnisse werden im Plenum präsentiert.	
3. Stunde – Wenn du glücklich bist, dann klatsche in die Hand		
Hinführung zum Spiel (Wahrnehmungsschulung)	Wenn wir glücklich sind oder Glück haben, reagieren wir ganz unterschiedlich. Das hängt vielleicht von unserer Gewöhnung an Glück, unserer Persönlichkeit, unserer Kultur oder der Intensität des Glücks ab.	AB Wenn du glücklich bist, dann klatsche in die Hand

Auswertung	Gespräch mit Fazit: › Jeder empfindet das Glück anders. › Jeder stellt sein Glück etwas anders dar. Hilfe: Warum kann man „glücklich“ steigern? Wie unterscheiden sich glücklich, glücklicher, am glücklichsten?	
4./5. Stunde – Fragen zum Glück		
Gruppenpuzzle zum Philosophieren	Einzelarbeit Jeder wählt sich eine Frage von der Tafel aus und schreibt seine Gedanken dazu auf. 1. Wenn Geld allein nicht glücklich macht, was dann? 2. Wo fühlst du das Glück in dir? 3. Wie wäre es, wenn niemand glücklich ist? 4. Wie oft und wie lange kann man glücklich sein? 5. Ist es gerecht, wenn es glückliche und unglückliche Menschen gibt?	Tafelbild mit Fragen
	Alle Kinder, die sich zu Frage 1 Gedanken gemacht haben, bilden eine Gruppe und tauschen ihre Ideen aus. Analog verfahren alle anderen Gruppen. Das gibt auch Kindern, die weniger eigene Ideen hatten, die Möglichkeit, neue Impulse zu bekommen.	
	Neue Gruppen bilden sich, in denen jeweils alle Nummern vertreten sind (Gruppe A 1,2,3,4,5 ...) und stellen sich gegenseitig ihre Überlegungen vor. Auch wenn die Gruppen nicht vollständig sind, weil nicht alle Fragen gleichermaßen gewählt wurden, führt dies nicht zu „Wissenslücken“. Da es um philosophische Gedanken geht, gibt es kein Richtig oder Falsch.	
Abschlussrunde	Jeder Mensch strebt nach Glück. Was trägt dazu bei? › Schülermeinungen werden gesammelt bzw. zusammengetragen.	

4 Arbeitsmaterialien und praktische Übungen

Die Anordnung der Materialien folgt der Gliederung des Kapitel 2.

4.1 Allgemeine Glückserfahrung und Resilienz fördern

Positive Gruppenerlebnisse

Hula-Hoop-Spiel
Alter: 6–10 Jahre
Dauer: max. 5 bis 10 Minuten
Material: für jeweils 6 Kinder 1 Hula-Hoop-Reifen, Markierung, wo der Kreis beginnen soll
Durchführung: Jeweils 6 Kinder bilden einen Kreis mit dem Gesicht zur Kreismitte. Ziel ist es, den Reifen weiterzugeben, ohne ihn fallen zu lassen. Zuerst mit der ganzen Hand, dann nur mit der Handfläche und zum Schluss darf er nur mit einem Finger je Hand berührt werden.
Wenn man dieses Spiel als Wettbewerb zwischen den einzelnen Gruppen durchführt, dient die Markierung zur Feststellung, wer am schnellsten die Runde beendet hat.

Pezziball balancieren
Alter: 6-10 Jahre
Dauer: max. 5 bis 10 Minuten
Material: Flurwand oder Turnhallenwand, 1 Pezziball
Durchführung: Die ganze Gruppe liegt mit dem Po an der Wand. Die Füße sind zur Decke gestreckt. Die Kinder müssen eng beieinander liegen, da der Ball mit den Füßen weitergegeben werden soll. Die Hände dürfen nicht zu Hilfe genommen werden. Für dieses Spiel ist eine möglichst lange Wand gut, da der erste, der den Ball abgegeben hat, sich hinten wieder einreiht.
Variante 1: Fällt der Ball runter, wird an der gleichen Stelle neu begonnen.
Variante 2: Fällt der Ball herunter, beginnt alles von vorn. Alle Kinder müssen an den Ursprungsort zurück und neu beginnen.

Blindschleiche
Alter: 6-10 Jahre
Dauer: max. 10 bis 15 Minuten
Material: einfacher Klassenraum
Durchführung: Die Kinder stehen hintereinander in einer Schlange und haben die Hände auf den Schultern des Vordermanns. Bis auf das letzte Kind haben alle die Augen geschlossen. Das letzte Kind lenkt die Schlange, indem es Druck auf die Schultern des Vordermanns ausübt. Leicht nach vorn bedeutet geradeaus gehen. Zurückziehen der Schultern bedeutet rückwärts gehen und auf beide Schultern drücken bedeutet stehenbleiben. Die Richtung wird mit Druck auf die rechte oder linke Schulter angegeben. Zusätzlich gibt es Helfer, die sich vor ein Hindernis stellen, um Unfälle zu vermeiden. Sie lenken den Kopf der Blindschleiche ab, falls das Signal noch nicht bis an die Spitze vorgegeben wurde.

Distanzspiel – Grenzen setzen
Alter: 6-10 Jahre
Dauer: max. 10 bis 15 Minuten
Material: einfacher Klassenraum
Durchführung: Die Gruppe wird in zwei gleichstarke Parteien unterteilt, die sich einzeln gegenüberstehen. Auf Kommando bewegen sich die Kinder solange langsam aufeinander zu, bis einem der beiden der Abstand unangenehm wird. Dies zeigt es an, indem es stehenbleibt. Sofort muss auch der Partner stehen bleiben.
Zu beobachten ist, dass nicht alle den gleichen Abstand zueinander einhalten. Woran das liegt, wird anschließend mit den Kindern thematisiert. Wichtig ist, dass die Kinder akzeptieren, dass nicht jeder die gleiche Empfindung hat.

Die Drei von der Dachrinne

Quasselstrippe, Klatschbase und Plappermaul sind drei kleine Bösewichter, die gern Kinder auf dem Weg zur Schule ärgern. Ihr Lieblingsplatz war die Dachrinne, da sie alle Kinder auf dem Weg zur Schule beobachten konnten. Zuerst suchte sich Quasselstrippe Thomas aus und flüsterte ihm so lange ins Ohr, bis er es selbst glaubte: „Ich bin nix, ich kann nix, ich werde nix!“ Thomas, der anfangs beschwingt zur Schule ging, wurde immer kleiner und blasser und schlich die letzten Meter zur Schule.
Klatschbase hatte sich unterdessen Silke ausgesucht. Natürlich sah auch sie keiner, als sie sich auf Silkes Schulter setzte. Hundert Mal flüsterte sie in ihr Ohr: „Alle lachen über mich, keiner mag mich!“ Silke, die eigentlich voller Stolz ihr neues Kleid vorführen wollte, sackte immer mehr zusammen, schlug die Augen nieder, in der Hoffnung, sich so unsichtbar machen zu können.
Plappermaul suchte sich Stefan, den Klassenbesten, aus und flüsterte genüsslich: „Ich bin nicht gut genug!“, in sein Ohr. Als er in der Mathematikstunde eine Arbeit schrieb, war er wie immer schnell fertig. Aber da hörte Stefan wieder Plappermauls Flüsterstimme, die ihm einredete: „Ich bin nicht gut genug!“ Er rechnete alle Aufgaben nach, korrigierte nervös und verschlimmbesserte sie.
Als Silkes Freundin das neue Kleid sah, sagte sie: „Du hast ja ein neues Kleid an!“ Silke hörte gar nicht richtig hin, sondern flüsterte nur: „Ich wusste, dass es dir nicht gefällt!“, und setzte sich auf ihren Platz.
In der Deutschstunde sollte Thomas sein Gedicht aufsagen, doch alles, was ihn noch einfiel, waren einzelne Wörter und die ganze Klasse lachte. „Nie kann ich etwas!“, sagte er leise. Die Lehrerin setzte sich neben Thomas und sagte: „Kann es sein, dass du jemanden auf deiner Schulter sitzen hast. Ich glaube nämlich, da sitzt eine gewisse Quasselstrippe, die dir immer ins Ohr flüstert: Ich bin nix! Ich kann nix! Ich werd‘ nix!“
Die Lehrerin wusste auch von all den anderen Sprüchen. „Sie haben nur den Zweck, uns klein zu machen. Aber das lassen wir und nicht mehr länger gefallen!“ *(Linde von Keyserling: Die Drei von der Dachrinne. In: Dies.: Die Welt mit dem Herzen gesehen. Herder, Freiburg 2002, S. 52ff.)*

Wie stellst du dir die Drei von der Dachrinne vor. Male sie.
Welche Sprüche haben euch die Drei von der Dachrinne schon einmal ins Ohr geflüstert?
Macht aus jedem Kleinmach-Spruch einen Mutmach-Spruch.
Erfindet für die drei Gespensterchen neue passende Namen.

Mein Haus des guten Lebens

Der Lehrer verwendet die AB 1 bis 4, um an der Tafel ein Haus entstehen zu lassen. Er erklärt dabei, dass dieses Haus für das gute Leben der Kinder stehen soll. Den einzelnen Teilen und Etagen wird jeweils ein bestimmtes Thema zugeordnet, über welches sich die Kinder Gedanken machen sollen. Jedes Kind gestaltet nun sein eigenes Haus und ergänzt die entsprechenden Satzanfänge auf dem AB.

Als die Schwäche zur Stärke wurde

Es war einmal ein Junge. Er war mit nur dem rechten Arm auf die Welt gekommen, der linke fehlte ihm. Dieser Junge interessierte sich für den Kampfsport. Er bat seine Eltern so lange darum, Unterricht in Judo nehmen zu dürfen, bis sie nachgaben, obwohl sie wenig Sinn darin sahen, dass er mit seiner Behinderung diesen Sport wählte. Der Meister, bei dem der Junge lernte, brachte ihm einen einzigen Griff bei und den musste der Junge wieder und wieder trainieren. Nach einigen Wochen fragte der Junge: „Sag, Meister, sollte ich nicht mehrere Griffe lernen?“ Sein Lehrer antwortete: „Das ist der einzige Griff, den du beherrschen musst.“ Obwohl der Junge die Antwort nicht verstand, fügte er sich und trainierte weiter. Irgendwann kam das erste Turnier, an dem der Junge teilnahm. Zu seiner Verblüffung gewann er die ersten Kämpfe mühelos. Mit den Runden steigerte sich auch die Fähigkeit seiner Gegner, aber er schaffte es bis zum Finale. Dort stand er einem Jungen gegenüber, der sehr viel größer, älter und kräftiger war als er. Auch hatte dieser viel mehr Erfahrung. Einige Zuschauer regten an, diesen ungleichen Kampf abzusagen. Auch der Junge bezweifelte einen Moment, dass er eine Chance haben würde. Der Meister aber bestand auf den Kampf. In einem Moment der Unachtsamkeit seines Gegners gelang es dem Jungen, seinen einzigen Griff anzuwenden – und mit diesem gewann er zum Erstaunen aller. Auf dem Heimweg sprachen der Meister und der Junge über den Kampf. Der Junge fragte: „Wie war es möglich, dass ich mit nur einem einzigen Griff das Turnier gewinnen konnte?“ „Das hat zwei Gründe: Der Griff, den du beherrschst, ist einer der schwierigsten und besten Griffe im Judo. Darüber hinaus kann man sich gegen ihn nur verteidigen, indem man den linken Arm des Gegners zu fassen bekommt.“ Da wurde dem Jungen klar, dass seine größte Schwäche auch seine größte Stärke war. *(Autor unbekannt)*

Anregungen zum Philosophieren

1. Warum hat der Junge wohl Judo lernen wollen?
2. Warum hat der Meister ihn nur diesen Griff gelehrt?
3. Warum lohnt es sich, sich für schwierige Aufgaben anzustrengen?
4. Was kannst du für dich aus der Geschichte lernen?
5. Wofür müsstest du dich richtig anstrengen? (Hier muss man die Kinder auf realistische Ziele hinweisen, also nicht fliegen lernen o. Ä.)

4.2 Zu Geduld und Gelassenheit erziehen

Massage- und Klopfübungen

Klopfe mit den Fingerspitzen oben, seitlich und hinten im Nacken auf deinen Kopf. Die Übung wird noch effektiver, wenn du deinen Körper locker mit der Handfläche abklopfst. Beuge dich dabei nach vorn und hinten sowie zur Seite. Das durchblutet deinen Körper besser und entspannt dein Gehirn.

Entspannungsübung: Blumengarten

Setze dich bequem hin, schließe deine Augen
und lege deinen Kopf auf die Arme.
Suche dir eine Körperhaltung aus, in der du einige Minuten bequem sitzen kannst.
Atme ruhig ein und aus und spüre deinen Atem.
Atme ganz ruhig und langsam, ein und aus, ein und aus ...
Versuche ruhig zu werden und den Moment zu genießen.
Stell dir vor, du bist eine Blume.
Vielleicht bist du groß und hast lange schmale Blätter,
vielleicht bist du klein mit vielen runden Blättern,
vielleicht hast du mehrere zarte Blüten,
vielleicht auch nur eine große.
Vielleicht haben die Blütenblätter deine Lieblingsfarbe ...
Schau genau hin und sieh, welch wunderschöne Blume du bist.

Du stehst in einem großen Garten zwischen vielen anderen Blumen,
die farbenfroh sind und sich, wie du, im Wind wiegen.
Höre, wie der ganze Garten um dich herum summt und brummt ...
und sieh die anderen Blumen neben dir.
Manchmal weht der Wind euch aufeinander zu
und dann wieder auseinander.
Riechst du ihren zarten Duft?

Da hörst du eine Hummel um dich herum summen.
Sie brummt auf dich zu
und setzt sich mitten in deine geöffnete Blüte.
Aufgeregt krabbelt sie hin und her,
sie kitzelt dich, während sie nach Nektar sucht.
Dann fliegt sie wieder mit lautem Gebrumm weiter.

Du blickst hinauf in den blauen Himmel.
Und staunst, wie strahlend er ist.
Kleine weiße Wolken ziehen über ihn hinweg
und bilden lustige Tiere. Kannst du sie erkennen?
Die Sonne schickt ihre Strahlen in deine Blütenblätter.
Sie breiten sich ganz weit aus,
damit das Sonnenlicht dich überall wärmen kann.
Selbst bis in deinen Stängel, in deine Blätter
und bis hinunter in deine Wurzeln kannst du sie spüren.
Spüre, wie die Erde um dich herum ganz warm wird.
Du fühlst dich auf einmal ganz stark
und kräftig und strahlst in deiner wunderschönen Farbe.

Nun wird es Zeit, den Blumengarten zu verlassen.
Schau dich noch einmal um.
Erinnere dich an all die schönen Eindrücke
Und nimm sie mit.
Sie geben dir Kraft für alles, was auf dich zukommt.
Öffne langsam deine Augen und sieh dich um,
recke deine Arme und strecke dich kräftig,
um im Jetzt und Hier wieder anzukommen.

Atemübungen
Wechselatmung: Setz dich aufrecht auf deinen Stuhl und halte das rechte Nasenloch zu.
Atme durch das linke, geöffnete Nasenloch langsam ein.
Halte nun das linke Nasenloch zu und atme durch das rechte aus.
Wiederhole diese Übung mehrfach.

Situli: Stell dir vor, du ziehst an einem Trinkhalm. Stell dir vor, die eingeatmete Luft fließt dabei gleich in den Kopf. Du genießt den kalten Luftstrom auf der Zunge. Konzentriere dich auf die Vorstellung der frischen, kühlen Luft in deinem Kopf. Atme nun mit geschlossenem Mund langsam und gleichmäßig aus. Das langsame Ausatmen ist wichtig. Diese Übung solltest du ein bis zwei Minuten durchführen.

4.3 Freude am Alltag wecken

Blickschulung

Die Glücksfee – Kreativer Umgang
„Es gibt auf der ganzen Welt dreitausenddreihundertdreiunddreißig Glücksfeen. So ungefähr. Und Pistazia ist die allerbeste! Ihr Spezialgebiet sind Miesepeter." Mit diesen Worten beginnt das Kinderbuch „Die Glücksfee" von Cornelia Funke. Es lenkt den Blick wunderbar auf alltägliche Dinge, die uns glücklich machen. Wenn man es den Kindern vorstellt (möglich auch als Trickfilm bei: https://www.youtube.com/watch?v=UFVAsZOUrh4 oder als Hörspiel), bietet es sich an, ein Glücksauge zu basteln. Dafür dürfen die Kinder alle möglichen Materialien verwenden, die deutlich machen, was das Auge besonders macht. So können Antennen, Sensoren oder Fühler angebracht werden. Die Kinder sind dabei recht fantasievoll. Dies ist als Frottage oder auch als 3D-Objekt möglich – je nach Zeitrahmen. Anschließend sollen die Augen von den Kindern genutzt werden, um besondere Glücksmomente im eigenen Leben aufzuspüren. Weil uns diese Übung häufig schwerfällt oder schnell in Vergessenheit gerät, kann der Lehrer gemeinsam mit den Kindern auch ein wöchentliches Ritual installieren. Hierbei werden einmal pro Woche Glücksmomente rückwirkend eingefangen und in einer eigenen oder gemeinsamen Glücksdose gesammelt. Solch eine Glücksdose hilft an traurigen Tagen oder in schwierigen Zeiten, sich bewusst zu machen, was man Schönes erlebt hat.
Das Buch eignet sich vor allem für Kinder der Klassen 3 und 4.

Weißt du, was Glück ist? – Begriffssammlung
Dieses Kinderbuch versucht anhand zweier Mäuse, zu einer Glücksdefinition zu gelangen. Dabei wird wieder das Glück im Moment bzw. in einer wichtigen Beziehung zu einem Freund betrachtet und nicht der glückliche Zufall. Hier bietet es sich an, eine gemeinsame Sammlung von Glück anzulegen. Beginnend mit Erfahrungen an der frischen Luft, werden diese anschließend im Gespräch vervollständigt.
Dieses Buch eignet sich vor allem für Kinder der Klassen 1 und 2.

Herr Glück & Frau Unglück – Flip-Flap
Frau Unglücks neuer Nachbar, Herr Glück, bringt ihr Leben mit frischen Blumen und guter Laune durcheinander. Dies möchte sie gern verhindern.
In einer Gruppenarbeit wird herausgearbeitet, was typisch für Herrn Glück bzw. Frau Unglück ist. Dazu können die Bilder zu Hilfe genommen werden, da diese deutlicher als die Sprache sind. Anschließend können die verschiedenen Beobachtungen auf einem Flip-Flap gegenübergestellt werden. Kriterien wären zum Beispiel: Aussehen des Hauses, Tagesbeschäftigung, Garten sowie das Verhalten als Nachbar. Im anschließenden Gespräch wird herausgearbeitet, dass sich die gute Laune und die Freundlichkeit von Herrn Glück auf Frau Unglück übertragen. Das letzte Bild mit den beiden Sonnenblumen, die wie ein Dach über den Hausern stehen, macht deutlich, dass beide, Glück und Unglück, zum Leben gehören.
Dieses Buch eignet sich vor allem für Kinder der Klassen 3 und 4.

Glück gesucht – Rollenspiel
„Mit ein bisschen Glück bin ich schnell wieder gesund", sagt die kranke Fuchsmutter. Und schon macht sich ihr Junges auf den Weg, dieses besondere Glück zu suchen. Auf seiner Suche begegnen ihm verschiedene Tiere, die ihm unterschiedliche Vorschläge machen, was Glück ist. Die kluge Eule schickt ihn jedoch wieder nach Hause. Die Freude über seine Wiederkehr lässt die Fuchsmutter erklären, dass jeder sein Glück in sich trägt. Man muss es nur erkennen.
Diese Geschichte eignet sich hervorragend für ein Rollenspiel. Dabei können die Kinder frei eigene Figuren erfinden und Vorschläge machen, was das Glück ist. Wichtig ist nur das Ende.
Dieses Buch eignet sich vor allem für Kinder der Klassen 1 und 2.

Das kleine Glück – Unterrichtseinstieg
Aufgrund seines Wortwitzes eignet sich dieses Bilderbuch besonders für Klasse 3 und 4. Mit den Illustrationen und den kurzen Sätzen lässt sich auf anschauliche Weise erklären, was der Unterschied zwischen Glück haben und glücklich sein ist. Deshalb eignet es sich hervorragend als Einstiegsgeschichte. Nebenbei erklärt die Geschichte auch, dass man zum Glücklichsein die richtige Einstellung benötigt. Man darf sich nicht abschirmen oder in der Theorie verlieren.

Gutes tun macht glücklich

Bildmeditation
Der Lehrer sammelt Bilder, die Menschen zeigen, die etwas Gutes tun. Das können bekannte Persönlichkeiten sein, wie Mutter Teresa, aber auch typische Berufsgruppen, die helfen, zum Beispiel Feuerwehrleute, Krankenpfleger, Ärzte, Polizisten. Geeignet sind auch Bilder aus Alltagssituationen, die zeigen, wie jemand zu Hause gepflegt wird oder wenn die Oma oder der Opa mit dem Enkel spielen ...
Nun wird gemeinsam mit den Kindern überlegt, was die Menschen auf den Bildern gemeinsam und was diese Bilder mit Glück und glücklich sein zu tun haben. Die Schüler werden erkennen, dass Helfen und anderen etwas Gutes tun uns genauso glücklich machen wie die Personen, denen das Gute zuteil wird. Anschließend sucht jeder nach eigenen Beispielen. Diese können auf einem gemeinsamen Plakat oder einem Mindmap zusammengetragen werden.

Drei Kilo Glück
Glück lässt sich natürlich weder wiegen noch messen. Aber stellen wir uns doch einmal vor, dass Felix mit drei Kilo Glück in der Tasche herummarschiert. Er trifft seinen besten Freund Jens und erzählt ihm von den drei Kilo Glück. „Jens, stell dir vor, ich habe drei Kilo Glück in der Tasche." Jens freut sich. „Toll, das ist aber schön für dich!" Da Jens sich für Felix freut, hat er plötzlich auch ein Kilo Glück in der Tasche. Felix bemerkt dies und – hopp! – aus seinen ursprünglich drei Kilo sind plötzlich vier Kilo geworden. Es kann sich nur um Zauberei handeln. Aber nein, es ist keine Magie: Glück erzeugt weiteres Glück.
(Frei nach Brigitte Labbé; Michel Puech, Denk dir die Welt. Loewe, Bindlach 2003, S. 101)

Als Vorüberlegung für ein philosophisches Gespräch denkt der Lehrer mit den Kindern darüber nach, was in ihrer Glückstasche wäre. Worüber wären sie glücklich? Als Gedankenstütze könnten die Ideen der Kinder jeweils in eine große Tasche gemalt werden. Die Kinder sollen anschließend berichten, in welchen Begebenheiten ihr Glück schon einmal Glück bei einem anderen erzeugt hat.
Gemeinsam wird nun als Gedankenexperiment besprochen, ob Unglück ebenfalls Unglück hervorbringt.

4.4 Krisen als Chancen begreifen

Eigene Stärken bewusst machen
Anregungen zum Philosophieren: Sprichwörter und Lebensweisheiten
Sprichwörter und Lebensweisheiten, wie man sie u.a. auf Postkarten oder Kalendern findet, bieten eine gute Möglichkeit, mit Kindern zu philosophieren. Einige haben wir auf dem AB „Sprichwörter und Lebensweisheiten" zusammengetragen. Die Kinder dürfen sich eine Spruchweisheit aussuchen und darüber nachdenken, wie sie diese kreativ gestalten möchten. Zum kreativen Gestalten nutzen wir gern Playmais, Märchenwolle, Ton oder Modelliermasse. Anschließend stellt jeder sein Exponat der Gruppe vor. Dies bietet uns eine gute Gelegenheit, eine Note im Ethikunterricht zu erteilen. Dabei wird jedoch nicht das Werk beurteilt, sondern die Erklärung bzw. Vorstellung (Begründung) der Kinder, wie dieses Werk zustande kam.

Jede Sache hat zwei Seiten
Spiel: Markt der schlechten Eigenschaften
Alter: ab 9 Jahre
Dauer: mind. 30 Minuten
Material: kleine Zettel und Stifte
Bei diesem Spiel, das auch als Reframing bekannt ist, geht es um die Umdeutung von persönlich als negativ empfundenen Eigenschaften oder Verhaltensweisen. Das können Eigenheiten sein, für die man sich schämt, die man nicht wahrhaben oder die man gerne loswerden möchte. Solche Eigenschaften haben auch eine positive Seite und es geht darum, diese zu erkennen und als Ressource zu nutzen.
Ablauf: Jeder Teilnehmer hat einen Zettel und einen Stift und schreibt seine schlechten Eigenschaften darauf. Dies geschieht anonym. Dann werden alle Zettel eingesammelt und neu verteilt. Jetzt ist jeder ein Marktschreier und hat die Aufgabe, diese Eigenschaft zu verkaufen. Ihre positiven Eigenschaften müssen also kreativ in den höchsten Tönen angepriesen werden, bis jemand von den anderen Teilnehmern sie kauft. So könnte beispielsweise Unordentlichkeit verkauft werden als: „Ich habe etwas für euch, das lässt euch Zeit für die Dinge, die euch wirklich wichtig sind. Endlich werdet ihr Zeit für eure Freunde haben. Ihr könnt euren Hobbys nachgehen und alles ganz entspannt sehen!" Die Teilnehmer brauchen nicht zu erraten, was sie kaufen sollen. Sie müssen nur überzeugt werden. Wenn jemand gekauft hat, wird natürlich verraten, was er oder sie gekauft hat. Dann kommt der nächste dran und zieht eine Karte.
Hinweis: Oft fällt es den Kindern schwer, negative Eigenschaften zu finden. Hier muss man genügend Zeit lassen und eventuell Hilfe in Form einer Wörtersammlung anbieten.
Eine weitere Hilfestellung ist es, gemeinschaftlich positive Aspekte zu suchen. Vor allem in den ersten Runden des Spiels, um den Kindern klar zu machen, was erwünscht ist.
Im Abschlussgespräch wird noch einmal darauf hingewiesen, wie mir die positive Auslegung in Krisen helfen kann. Sie sollte aber keineswegs als Ausrede für mein „schlechtes" Verhalten dienen.

Schiefe Maschen

Als es draußen langsam kühler wird, wünscht sich Elsa von ihrer Oma eine neue Mütze. Diese soll so schön bunt sein, wie die ihrer besten Freundin Laura, und eine Bommel obendrauf haben. Oma findet die Idee gut. Am kommenden Dienstag gehen beide gemeinsam die richtige Wolle dafür kaufen. Im Geschäft meint Oma plötzlich: „Weißt du, Elsa, es ist eigentlich an der Zeit, dass du stricken lernst. Als ich so alt war wie du, hat meine Oma mir gezeigt, wie man strickt." „Au fein! So machen wir es", antwortet Elsa begeistert. Zu Hause angekommen, kocht Oma ihnen erst einmal einen warmen Tee und zeigt Elsa, wie man Maschen aufnimmt. „Passend zur Mütze könntest du doch einen neuen Schal stricken", schlägt sie Elsa vor. „Dafür reicht es nämlich, wenn du immer nur rechte Maschen strickst." So sitzen sie den ganzen Nachmittag und Elsa gibt sich richtig viel Mühe. Sogar als ihre Hände weh tun vom Halten der Stricknadeln, gibt sie nicht auf. So schafft sie 23 Reihen, bis Oma sagt: „Für heute reicht es erst einmal." Als sie ihr Werk stolz bewundert, sieht sie, dass die Maschen nicht alle ganz gleichmäßig geworden sind. Zwei Reihen sind viel lockerer und größer als alle anderen. „Oh nein! Das ist ja gar nichts geworden. Jetzt muss ich noch einmal ganz von vorn beginnen", schluchzt sie los. Oma schaut sich den Schal an und sagt: „Siehst du nicht, wie viel du heute geschafft hast? Ich sehe 21 Reihen schöner gleichmäßiger Maschen und insgesamt einen sehr schönen Schal. Vor allem hast du ja heute zum ersten Mal gestrickt. Das war sicher sehr anstrengend für deine kleinen Finger. Aber du hast nicht aufgegeben. Sei stolz auf dich – ich bin es auf jeden Fall." Elsa guckt ganz erstaunt auf ihren Schal. Es stimmt, was Oma sagt, er sieht schon richtig gut aus. Vor allem der Farbverlauf der Wolle kommt durch die einfachen Maschen prima hervor. Stolz zeigt sie ihren Schal am Abend der Mama, als diese von der Arbeit nach Hause kommt.

Anregungen:

› Elsa sieht am Anfang nur ihre zwei ungleichmäßigen Reihen. Was glaubst du, warum das so ist?
› Warum sieht die Oma einen schönen Schal?
› Kennst du das Gefühl, dass du etwas besonders gut machen willst und es trotzdem nicht gelingt? Siehst du dann auch nur die Fehler oder auch das, was du gut gemacht hast?
› Dass Oma der Schal gefällt, was bedeutet das wohl für Elsa?

2. Etage:

- Das kann ich gut
- Meine Stärken sind

1. Etage:

- Diese positiven Eigenschaften schätzen andere an mir

© Militzke Verlag GmbH, Leipzig – als Kopiervorlage freigegeben

Haustür:
Ich heiße

© Militzke Verlag GmbH, Leipzig – als Kopiervorlage freigegeben

Dach:

- Meine Ziele sind
- Ich träume davon
- Wenn ich groß bin, möchte ich

Garten:

- Hier möchte ich mal Danke sagen
- Diese Personen habe ich gern um mich herum

© Militzke Verlag GmbH, Leipzig – als Kopiervorlage freigegeben

Schaukel:

- Mir tut es gut, wenn
- Ich mache gern

Balkon:

- Das war ein besonders schönes Erlebnis für mich

© Militzke Verlag GmbH, Leipzig – als Kopiervorlage freigegeben

Glücksgedanken

1. Suche dir ein Sprichwort aus und erkläre mit deinen Worten, was es bedeutet. Schreibe deine Erklärung auf die Linien.

2. Male in die leere Spalte ein passendes Bild, auf dem man das Sprichwort erkennen kann.

Dem Glücklichen schlägt keine Stunde.	
	Glück ist das Einzige, was sich verdoppelt, wenn man es teilt.
Wer immer mehr und mehr haben will, wird nie glücklich.	
	Wenn das Glück anklopft, muss man um Verstand bitten.

© Militzke Verlag GmbH, Leipzig – als Kopiervorlage freigegeben

Das eigene Wappen

Im Mittelalter hatten die Ritterfamilien eigene Wappen. Diese zeigten, wofür die Familie bekannt war. Was würde auf dein Wappen gehören?
Sammle 5 Ideen, was jeder über dich wissen sollte. Was kannst du gut? Was gefällt dir an dir selbst? Worauf bist du stolz?

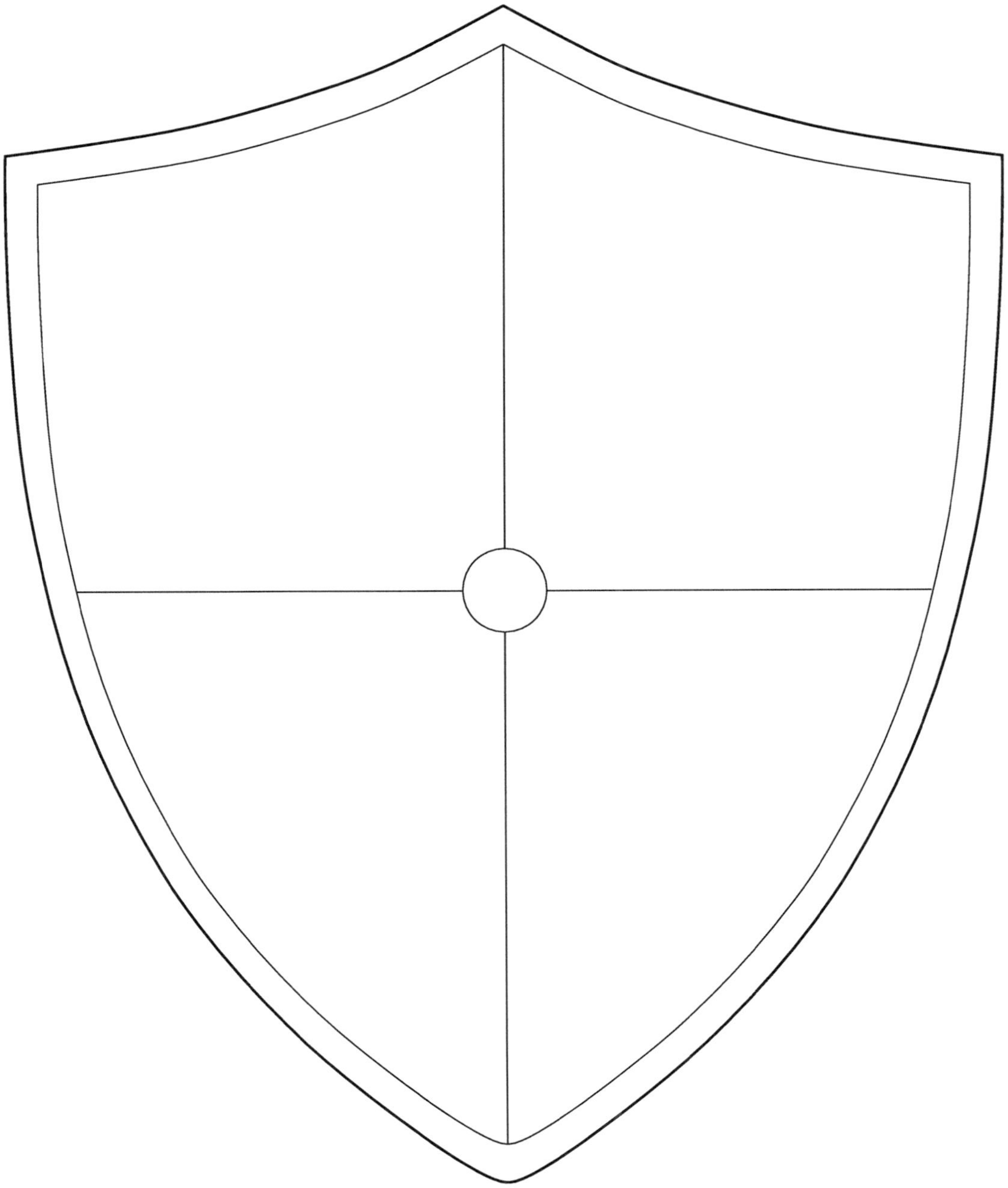

© Militzke Verlag GmbH, Leipzig – als Kopiervorlage freigegeben

Mandala

© Militzke Verlag GmbH, Leipzig – als Kopiervorlage freigegeben

Das größte Glück der Welt

Oft hört man den Satz: „Das ist das höchste Glück auf Erden!“
Aber was genau bedeutet das für dich?

1. Finde aus den folgenden Beispielen für dich die richtige Reihenfolge. Schneide die Kärtchen aus und sortiere. Das Wichtigste liegt oben.

2. Ergänze die leeren Kärtchen mit eigenen Beispielen. Begründe deine Auswahl.

Lottogewinn	Gesundheit	gute Noten	mit Freunden spielen
ein neues Geschwister-chen	meine Eltern haben Zeit für mich	keine Hausaufgaben	ein eigenes Zimmer
ein eigener Fernseher	in den Urlaub fahren	Oma und Opa besuchen	Lieblingsessen zum Mittag
Extraportion Eis	Taschengeld	Kuscheln auf dem Sofa	Lieblingsfilm mit Mama schauen
....	....	....	....

© Militzke Verlag GmbH, Leipzig – als Kopiervorlage freigegeben

gute Noten

Lottogewinn

mit Freunden
spielen

Gesundheit

© Militzke Verlag GmbH, Leipzig – als Kopiervorlage freigegeben

keine
Hausaufgaben

ein neues
Geschwisterchen

ein eigenes
Zimmer

meine Eltern haben
Zeit für mich

Oma und Opa besuchen

ein eigener Fernseher

Lieblingsessen zum Mittag

in den Urlaub fahren

© Militzke Verlag GmbH, Leipzig – als Kopiervorlage freigegeben

Kuscheln auf dem Sofa

Extraportion Eis

Lieblingsfilm mit Mama schauen

Taschengeld

© Militzke Verlag GmbH, Leipzig – als Kopiervorlage freigegeben

Teetasse

1. Schneide die Faltvorlage aus und gestalte die Teetasse.
2. Hängt nach dem Falten und Kleben einen Teebeutel in die Tasse (ohne Wasser). Binde eine schöne Schleife durch die beiden Löcher, damit der Teebeutel nicht herausfällt.
3. Verschenke die Teetasse an jemanden, dem du eine Freude machen möchtest.

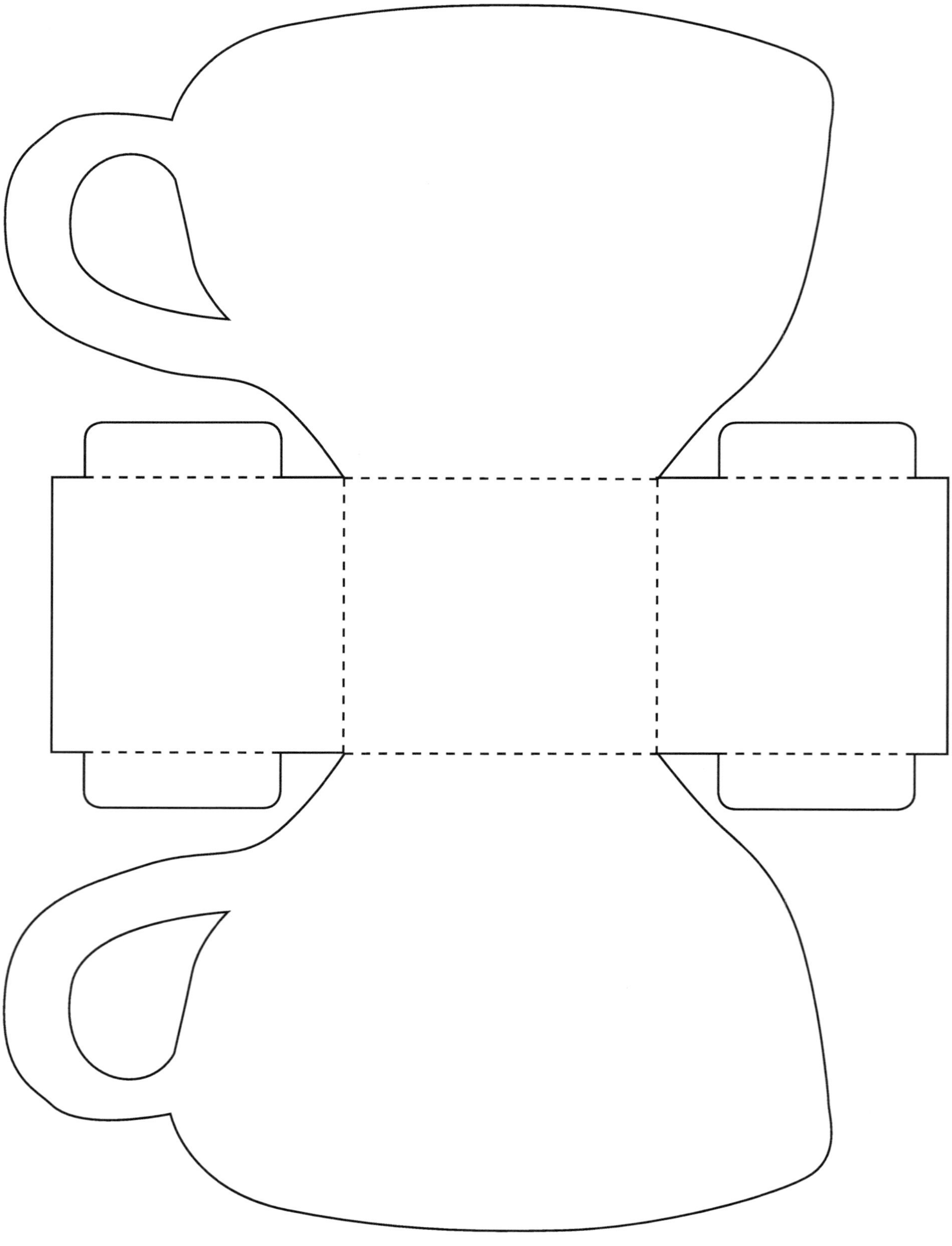

© Militzke Verlag GmbH, Leipzig – als Kopiervorlage freigegeben

Interview: Auf der Suche nach dem Flow

Der Flow kommt immer dann zu uns, wenn wir in eine Sache sehr vertieft sind, die uns anstrengt, aber auch begeistert. Dann vergessen wir vollkommen die Zeit um uns herum. Es entsteht ein Glücksgefühl, weil uns etwas gut gelingt.

1. Suche dir einen Erwachsenen als Interviewpartner. Er sollte dich gut kennen. Führe mit ihm ein Interview durch und schreibe die Antworten auf.

Welche Tätigkeit machst du sehr gern, auch wenn sie anstrengend ist?

Hast du dabei schon einmal die Zeit vergessen?

Wie hast du dich gefühlt, als dir diese Anstrengung gelungen ist?

Woran hast du erkannt, dass die Sache gelungen ist?

Hast du diesen Flow bei mir auch schon einmal beobachtet?

Bei welcher Tätigkeit hast du dies bemerkt?

2. Vergleicht eure Ergebnisse. Vielleicht könnt ihr ja die Tätigkeiten der anderen auch einmal ausprobieren.

© Militzke Verlag GmbH, Leipzig – als Kopiervorlage freigegeben

Verbringe die Zeit nicht
mit der Suche nach einem
Hindernis, vielleicht ist keins da.

Franz Kafka

Auch aus Steinen, die einem
in den Weg gelegt werden,
kann man Schönes bauen.

Johann Wolfgang von Goethe

So ist das im Leben:
Wenn sich eine Tür schließt,
öffnet sich eine andere.
Die Tragik liegt darin, dass wir
nach der geschlossenen Tür
blicken, nicht nach der offenen.

André Gide

Der Pessimist sieht in jeder
Chance eine Bedrohung, der
Optimist in jeder Bedrohung
eine Chance.

Volksweisheit

Kahle Äste, kahle Zweige –
winterschwarz.
Wer will, sieht den Ansatz der
Knospen.

Else Pannek

Eine Reise von 1000 Meilen
beginnt mit dem
ersten Schritt.

Laotse

Alle Hindernisse und
Schwierigkeiten sind Stufen,
auf denen wir in die Höhe
steigen.

Friedrich Wilhelm Nietzsche

Das Wort Krise setzt sich im
Chinesischen aus zwei Schrift-
zeichen zusammen – das eine
bedeutet Gefahr und das
andere Gelegenheit.

John F. Kennedy

© Militzke Verlag GmbH, Leipzig – als Kopiervorlage freigegeben

Checkliste: Wie vermeide ich ein schlechtes Gefühl vor schweren Schulaufgaben wie Klassenarbeit und Vortrag?

Zeit vor der Arbeit		Was muss ich tun?	Erledigt?
1 Woche vorher		Verschaff dir einen Überblick. Welche Themen musst du können?	
6 Tage vorher		Überprüfe deine Materialien auf Vollständigkeit. Hast du alle Arbeitsblätter eingeheftet? Sind alle nötigen Hefte und Bücher zu Hause? Welche Seiten gehören dazu?	
5 Tage vorher		Wiederhole zuerst, wobei du am unsichersten bist. Bleiben Fragen, stelle diese am nächsten Tag deinem Lehrer oder frage Mitschüler.	
4 Tage vorher		Fasse den Lernstoff mit eigenen Worten zusammen. Schreibe ihn möglichst auf.	
3–2 Tage vorher		Lies deine Notizen mehrmals laut. Bewege dich dabei möglichst im Raum.	
1 Tag vorher	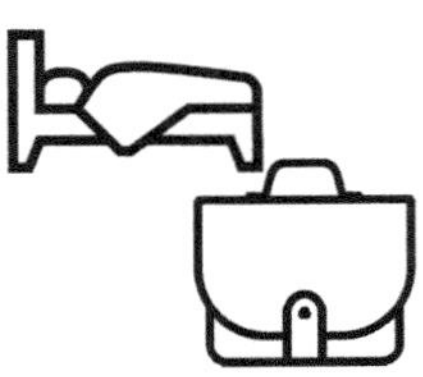	Höre am Nachmittag auf mit Lernen und pack sorgfältig deine Tasche. Nun erhole dich noch etwas und geh zeitig ins Bett.	
Morgens		Frühstücke in Ruhe und trinke genügend.	

© Militzke Verlag GmbH, Leipzig – als Kopiervorlage freigegeben

Checkliste für die Federmappe

- Atme mehrmals langsam ein und aus.
- Höre zu, was erklärt wird.
- Lies **alle** Aufgaben durch.
- Beginne mit Aufgaben, die du sofort lösen kannst.
- Trinke genug.
- Kontrolliere genau.

- Atme mehrmals langsam ein und aus.
- Höre zu, was erklärt wird.
- Lies **alle** Aufgaben durch.
- Beginne mit Aufgaben, die du sofort lösen kannst.
- Trinke genug.
- Kontrolliere genau.

- Atme mehrmals langsam ein und aus.
- Höre zu, was erklärt wird.
- Lies **alle** Aufgaben durch.
- Beginne mit Aufgaben, die du sofort lösen kannst.
- Trinke genug.
- Kontrolliere genau.

- Atme mehrmals langsam ein und aus.
- Höre zu, was erklärt wird.
- Lies **alle** Aufgaben durch.
- Beginne mit Aufgaben, die du sofort lösen kannst.
- Trinke genug.
- Kontrolliere genau.

Bitte deine Lehrerin, dir die Checkliste zu laminieren. So kannst du sie täglich dabeihaben.

© Militzke Verlag GmbH, Leipzig – als Kopiervorlage freigegeben

Wenn du glücklich bist, dann klatsche in die Hand

Bildet Gruppen zu je 4–5 Kindern.
Lest alle Kärtchen in Ruhe durch.
Jeder überlegt für sich, wie er auf die verschiedenen „Glücksmomente“ reagieren würde.
Schneidet die Kärtchen aus und legt sie verdeckt auf den Tisch.

1. Zieht abwechselnd „ein großes Glück“ und zeigt pantomimisch, wie ihr darauf reagieren würdet, wenn euch das wirklich passiert.
2. Lasst die anderen erraten, was ihr erlebt habt.

Du findest auf der Straße 5 €.	**Die Sommerferien haben begonnen.**	**Dein größter Wunsch geht in Erfüllung.**	**Ihr veranstaltet auf der Klassenfahrt eine Party.**
Du hast Geburtstag.	**In der Tombola hast du den Hauptgewinn.**	**Die nicht gemachte Hausaufgabe wird nicht kontrolliert.**	**Du bekommst ein neues Fahrrad.**
Auf deiner Hand landet ein Marienkäfer.	**Du triffst deinen besten Freund aus dem Kindergarten.**	**Du darfst dir deinen Sitznachbarn aussuchen.**	**Es gibt dein Lieblingsessen.**
Der Ethikunterricht fällt heute aus.	**Du bekommst ein neues Computerspiel.**	**Deine Lehrerin lobt dich.**	**Du wirst zum Klassensprecher gewählt.**

Quellenangaben und Literaturempfehlungen

Baden-Würtemberg Stiftung gGmbH (Hrsg.): Grundschule macht stark! Resilienzförderung in der Grundschule; Stuttgart 2015

Brohm, Michaela; Endres, Wolfgang: Positive Psychologie in der Schule, Beltz, Weinheim/Basel 2015

Brooks, Robert; Goldstein, Sam: Das Resilienzbuch; Klett Cotta, Stuttgart 2017

Burow, Olaf-Axel: Positive Pädagogik; Beltz, Weinheim/Basel 2011

Dimbath, Michaela: Zum Glück in der Schule; Diplomica, Hamburg 2007

Fritz-Schubert, Ernst: Glück kann man lernen; Ullstein, Berlin 2010

Fritz-Schubert, Ernst; Saalfrank, Wolf-Thorsten; Leyhausen, Malte: Praxisbuch Schulfach Glück; Beltz, Weinheim/Basel 2015 Hirschhausen, Eckart von: Glück kommt selten allein; Rowohlt, Hamburg 2009

Hüther, Gerald; Hauser, Uli: Jedes Kind ist hoch begabt; Random, München 2014

Klein, Stefan: Die Glücksformel oder Wie die guten Gefühle entstehen; Fischer, Frankfurt 2014

Liebertz, Charmaine: Pädagogische Schatzbriefe: Bewegung und Rhythmus; Don Bosco, München 2010

Liebertz, Charmaine: Pädagogische Schatzbriefe: Gefühle und Rituale; Don Bosco, München 2010

Liebertz, Charmaine: Pädagogische Schatzbriefe: Wahrnehmung, Konzentration, Entspannung; Don Bosco, München 2010

Mathes, Carina: Curriculum Schulfach Glückskompetenz (Bd. 1 und 2), BoD – Books on Demand, Norderstedt 2016

Mathes, Carina: Mein Glückspilztrainer; BoD – Books on Demand, Norderstedt 2011

Matschie, Christoph: Leitgedanken zu den Thüringer Lehrplänen für die Grundschule und für die Förderschule mit dem Bildungsgang der Grundschule; Thüringer Ministerium für Bildung, Wissenschaft und Kultur, Erfurt 2010

Pfeiffer, Silke; Klager, Christian: Spielend philosophieren; Militzke, Leipzig 2012

Pfreundner, Michael; Wagner, Verena: Resilienz. Themenkarten, Don Bosco, München 2016

Portmann, Rosemarie: Die 50 besten Spiele für mehr Konzentration; Don Bosco, München 2016

Portmann, Rosemarie: Die 50 besten Spiele Frustrationstoleranz; Don Bosco, München 2016

Renz-Polster, Herbert: Menschenkinder; Kösel, München 2016

Sächsisches Staatsministerium für Kultus: Lehrplan Grundschule Ethik, Dresden 2004

Saval, Ingeborg: Starke Kinder; Trias, Stuttgart 2014

Wegerle, Carola: Besser konzentrieren; Humboldt, Hannover 2013

http://www. palverlag.de/lebenshilfe-abc/resilienz; 06.10.2017

https://www.bmfsfj.de/blob/.../uebereinkommen-ueber-die-rechte-des-kindes-data.pdf; 06.10.2017

http://www.grundschule.bildung.hessen.de/rahmenplan/Rahmenplan.pdf; 06.10.2017

https://www.bildung-lsa.de/lehrplaene___rahmenrichtlinien/grundschule.html; 09.02.2018

https://www.youtube.com/watch?v=UFVAsZOUrh4; 02.01.2019

http://www.br.de/fernsehen/ard-alpha/sendungen/campus-talks/campus-talks-hurrelmann-klaus100.html

Kinderliteratur

Bormans, Leo: Glück für Kinder; Dumont, Köln 2016
Eriksson, Eva; Lagercrantz, Rose: Mein Herz hüpft und lacht; Moritz, Frankfurt 2016
Funke, Cornelia: Die Glücksfee; Fischer, Frankfurt 2012
Hüther, Gerald; Michels, Inge: Gehirnforschung für Kinder; Kösel, München 2009
Int-Veen, Vera; Spanjardt, Eva: Pia und der Glückskäfer; Edition Riesenrad, Hamburg 2002
Kuijer, Guus: Das Glück kommt wie ein Donnerschlag; Oettinger, Hamburg 2003
Kunkel, Daniela: Das kleine Wir; Carlsen, Hamburg 2016
Motschiunig; Ulrike; Dullek, Nina: Glück gesucht; GuG Verlagsgesellschaft Wien 2017
Pfister, Marcus: Weißt du, was Glück ist?; Nord-Süd Verlag Zürich 2014
Reider, Katja; Bücker, Jutta: Das Glück kommt oft ganz unverhofft; Sanssouci, Kösel 2016
Reider, Katja; Jakobs, Günther: Das kleine Glück klopft an; Coppenrath, Münster 2013
Schneider, Antonie; Straßer, Susanne: Herr Glück & Frau Unglück; Thienemann, Stuttgart 2016
Sepúlveda, Luis; Buchholz, Quint: Der langsame Weg zum Glück; Fischer, Frankfurt 2015
Volmert, Julia; Broska, Elke: Ein Rucksack voller Glück; Arabella, Haan 2017
Wilhelmi, Friederike; Hebrock, Andrea: Herr Flo sucht das Glück; ArsEdition, München 2010

Bildverzeichnis

Cover: Iris Woldt/panthermedia; S. 20-23: Uta Wolf, atelier up, Leipzig; S. 22: Dietmar Senf; PeterHermesFurian/istockphoto; S. 23: siiixth/istockphoto; S. 35: Kreatiw, setory, marnikus, slalomp, da-vooda/istockphoto; S. 36: anttohoho, Liubov Trapeznykova, slalomp, bearsky23, Sudowoodo, pe-art/istockphoto;